PIERRE-CHARLES MARQUIS

PEINTRE D'HISTOIRE

SA VIE ET SES OUVRAGES

PAR M. HENRY D'ESCAMPS

PARIS

IMPRIMERIE DE VICTOR GOUPY

5, RUE GARANCIÈRE, 5

—

1875

PIERRE-CHARLES MARQUIS

PEINTRE D'HISTOIRE

SA VIE ET SES OUVRAGES

PAR M. HENRY D'ESCAMPS

PARIS

IMPRIMERIE DE VICTOR GOUPY

5, RUE GARANCIÈRE, 5

1875

L'École française vient de faire une perte sensible dans
la personne de Pierre-Charles MARQUIS, peintre d'histoire,
élève de Lethière, mort le 31 décembre 1874.

Ce n'est pas sans raison que nous disons « l'École française »; car nul, plus que Marquis, ne fut un représentant
fidèle et distingué de cette école dont les qualités vont se
perdant tous les jours. Marquis était de la famille de Jou-
vinet, ou mieux encore, de celle d'Eustache Lesueur.

Il était né à Tonnerre (Yonne), le 1er juin 1798. Il vint
à Paris à l'âge de dix ans. Son père le destinait d'abord
au commerce; mais, comme il avait un goût très-prononcé
pour le dessin, sa famille céda à ses désirs, et lui fit

apprendre le dessin de broderie et d'ornement ; il y excella et travailla pour les maisons les plus renommées, ce qui ne l'empêchait pas de se rendre le soir chez un peintre où il dessinait la figure. Enfin, à l'âge de vingt-quatre ans, après avoir beaucoup travaillé seul, il déclara à son père qu'il voulait se consacrer exclusivement à la peinture.

C'était sous la Restauration : Marquis entra dans l'atelier de Lethière qui, à cette époque, et depuis l'exil de David, était l'un des représentants en vue de l'École classique. Lethière revenait alors de Rome où, pendant dix ans, il avait dirigé l'académie de France. Professeur à l'École des Beaux-arts, membre de l'Institut, l'auteur du *Junius Brutus* continuait, non sans éclat, les traditions de l'École philosophique de Poussin. Il accueillit avec bonté Pierre-Charles Marquis, et, charmé de ses dispositions, autant que de ses qualités privées, il l'encouragea de ses conseils, et dégagea, ainsi, par ses enseignements, comme par ses exemples, les dons naturels que le jeune Bourguignon apportait avec lui, c'est-à-dire, son instinct très-vif de la composition dramatique, ses aptitudes aux sujets historiques, et son sentiment délicat et fin de l'expression morale dans ce qu'elle a de plus élevé ; c'est dans cet atelier que Marquis trouva un stimulant nouveau et puissant dans la compagnie de ses émules la plupart moins âgés que lui ; c'est là que, notamment, il rencontra Octave Tassaërt, et qu'il se lia, plus tard, avec Louis Boulanger, qui fut son meilleur ami.

Aussi loin que les souvenirs de sa famille puissent remonter, le premier travail important du jeune élève de Lethière fut un tableau historique : *Louis le débonnaire dépossédé*. Cette composition témoignait déjà d'une entente parfaite de l'ordonnance d'un sujet ; ce qui, avec le sentiment intime de l'action, et la simplicité extrême des moyens, devait être, par la suite, la qualité dominante de ses peintures historiques ou religieuses.

Marquis obtint des succès à l'École des Beaux-arts ; mais il ne pouvait aspirer, à cause de son âge, au prix de Rome, et sur la recommandation de Lethière, il fut chargé par Madame Adélaïde de peintures importantes dans la chapelle de son château de Randan.

Cependant, la grande épreuve, l'objectif, la pierre de touche pour le peintre, c'était déjà le salon. Marquis y débuta, en 1831, par un portrait de femme, en pied, qui lui mérita les éloges de son maître. Malheureusement, Lethière mourut ; il ne put voir les travaux nombreux et les succès qui, de 1833 à 1874, ont marqué la longue et honorable carrière de son élève.

Mêlé par ses amis et ses camarades d'atelier au mouvement de 1830, Marquis ne dévia pas un seul moment de ses premiers principes. Homme d'ordre par excellence, il détestait l'anarchie sous toutes ses formes. Sourd aux exagérations de la fantaisie et aux suggestions du mauvais goût, il ne se départit jamais de ses inspirations naturelles ; fidèle au travail sérieux, aux compositions étudiées, il n'abandonna jamais les qualités de correction, de savoir et de sentiment qui lui ont valu, dans la place modeste qu'il occupa, d'être compté parmi les derniers survivants de notre vieille École française.

C'est, en effet, dans cet ordre d'idées que furent composés, ainsi qu'on va le voir, tous ses tableaux consacrés exclusivement à l'histoire sacrée ou profane.

En 1833, il expose un *Charles VII,* sauvé de la fureur des Bourguignons par Tanneguy Duchâtel, prévôt de Paris ; en 1834, une *Magdeleine pénitente ;* en 1835 un *Saint Antoine, Père des Solitaires.* Ces premières compositions témoignent d'efforts et de progrès continus. C'est en 1836 seulement et âgé de près de quarante ans, que l'élève de Lethière allait donner sa mesure dans la composition qu'il intitula le *Supplice des Templiers.* Il y avait représenté, avec l'appareil judiciaire du temps, le supplice de Jacques Molay et de Guy, grand prieur de Normandie. Cet ouvrage d'un coloris plus accentué que ses autres tableaux lui valut une troisième médaille, pour le genre historique.

C'est alors, qu'assuré désormais du succès, et honoré de l'estime de ses confrères, Marquis peignit chaque année, pour ainsi dire, cette série de toiles de chevalet dont l'ensemble eût pu servir à illustrer une histoire de France ou un Évangile.

Il nous suffit de le chercher au Salon de chaque année pour l'y rencontrer.

En 1837, il expose *les Croisés au Saint-Sépulcre*, sujet bien choisi et exécuté avec toutes les ressources de l'iconographie du temps. C'est le moment où, après la prise de Jérusalem, Godefroy de Bouillon se rend, pieds nus, avec les siens, au tombeau du Christ, et qu'à son exemple, toute l'armée conduite par le clergé se dirige, la tête découverte, vers l'église de la Résurrection. Au salon de 1838, c'est *saint Pierre guérissant un boiteux*. Saint Pierre et saint Jean se rendaient au temple, et rencontrant un boiteux, le chef des apôtres lui dit : « *Je n'ai ni or ni argent ; mais ce que j'ai, je te le donne : au nom de Jésus de Nazareth, lève-toi et marche*, » composition d'une grande simplicité et d'un grand charme.

Trois tableaux se succèdent aux expositions de 1840, 1843 et 1845. C'est le *Christ et la Samaritaine*, le *Christ au tombeau*, et la *Vision de saint François d'Assise*. Puis, l'histoire nationale reprend ses droits, et en 1847, Marquis peint les *Obsèques de Guillaume le Conquérant*.

La révolution de 1848 n'interrompt pas le cours d'une production aussi féconde, et, cette année, Marquis expose *la Primauté de saint Pierre*, tableau commandé par le ministère de l'intérieur. Puis, un sujet dramatique le tente particulièrement ; c'est *saint Paul traîné par la multitude devant le proconsul d'Asie, et revendiquant sa qualité de citoyen romain*. Nous ignorons, à notre grand regret, où se trouve aujourd'hui cette intéressante peinture.

Nous avons dit que Marquis traversa l'école romantique sans se laisser entamer par elle ; il semble cependant que,

dans son tableau de 1852, *les Bohémiens devant Paris,*
il y ait chez lui comme un effort de coloris plus accentué.
Le sujet, d'ailleurs, semblait l'y inviter. C'est une grande
page, plus vaste que ses tableaux ordinaires et peuplée
d'un grand nombre de figures. La scène se passe sous
Charles VII. Les bohémiens ne peuvent entrer dans la
ville, sans être exorcisés par l'évêque de Paris. On voit,
à gauche, le groupe des bohémiens, les bras teudus, et
implorant l'évêque. Le prélat est à cheval avec la croix
et la mitre : il tient le milieu de la composition. A droite,
les bohémiennes disent la bonne aventure aux bourgeoises
de Paris, coiffées de leurs longs bonnets pointus. Dans le
fond, la silhouette du vieux Paris. Ce tableau fort remarquable et fort remarqué eut l'honneur d'être placé dans les
salons de l'hôtel du ministère de l'intérieur, où il figure
encore dans le cabinet des sous-secrétaires d'État.

Un charmant tableau, *Jésus guérissant l'aveugle-né,*
figure deux fois aux expositions publiques, d'abord, au
salon de 1853, et ensuite à l'Exposition universelle de 1855.
puis, l'artiste alterne encore avec l'histoire, et, en 1857, il
donne un *Saint Louis se rendant à Notre-Dame avec
Blanche de Castille, sa mère.*

Tant de tableaux religieux avaient fixé l'attention pu-
blique sur le talent de l'auteur, et, dans cette même année 1857, on lui confia la décoration de la chapelle du
baptistère à Saint-Eustache. Marquis peignit, à cet effet,
deux grandes compositions divisées, à la manière italienne,
chacune en deux sujets, dont le plus important se trouve

au-dessus de l'autre. Les deux grands sujets sont *Saint Pierre recevant les clefs des mains de Notre-Seigneur*, et le *Baptême du Christ dans le Jourdain*. Les deux sujets moindres sont : la *Piscine miraculeuse* et *Moïse recevant les Tables de la loi*. L'artiste a montré dans ces belles et nobles compositions, ses qualités natives. A droite, Notre-Seigneur reçoit le baptême dans un paysage lumineux, sur lequel se détachent les collines qui environnent le Jourdain. A gauche, saint Pierre agenouillé tend la main pour prendre les clefs. La scène est placée au milieu de cette architecture orientale et de ces temples à colonnes salomoniques, que l'artiste paraît affectionner dans ses tableaux.

Une composition touchante, *le Denier de la Veuve*, lui valut, en 1859, un rappel de médaille, et passant encore des sujets religieux aux sujets historiques, il peint, en 1861, le *Supplice de Jeanne d'Arc sur la place du Marché de Rouen*.

Au salon de 1864, Marquis eut une double bonne fortune : il avait exposé le *Martyre de saint Denis et de ses compagnons saint Rustique et saint Eleuthère*. Un ministre des Beaux-Arts, homme de goût, épris des œuvres classiques, M. le comte Walewski, cherchait dans l'Exposition, et avant même qu'elle ne fut ouverte, un tableau religieux qui émût le sentiment sans repousser les yeux ; il choisit le *Martyre de saint Denis*, dont l'auteur lui était personnellement inconnu. Ce même tableau obtint un second rappel de médaille. Il est aujourd'hui dans la cathédrale d'Auxerre.

C'est ainsi que, chaque année, Marquis envoyait un tableau au Salon, et chaque année l'administration lui achetait son œuvre pour en décorer quelque église ou quelque musée.

Nous mentionnerons, pour être complet, toute la seconde série de ses compositions qui embrasse les dix dernières années de sa vie, de 1864 jusqu'à 1874, au jour de sa mort.

En 1864, c'est *Jésus prédisant la ruine de Jérusalem ;* en 1865, le *Sacrifice d'Abraham ;* en 1866, l'*Entrée de Jésus à Jérusalem,* douce et charmante composition, qui décore aujourd'hui l'église d'Évron, dans la Mayenne. L'unité de composition, la variété et la vérité des attitudes, le spectacle d'une foule agitée et enthousiaste, s'agenouillant devant le Sauveur, et se détachant sur les profondes perspectives de l'architecture, donnent à ce tableau un caractère d'ensemble qui serait parfait et toucherait de près au chef-d'œuvre, si l'auteur n'avait été sans cesse arrêté dans son œuvre par une sorte de timidité du pinceau qui répondait à la timidité de son caractère. Citons encore, en 1867, *Jésus ressuscitant la fille de Jaïre ;* en 1868, la *Résurrection de Lazare* ; en 1869, *Jésus au milieu des docteurs ;* et en 1870, la *Purification de la Vierge,* qu'on voit aujourd'hui dans l'église Notre-Dame de Versailles.

Les trois derniers ouvrages de Marquis furent : les *Aveugles de Jéricho* (salon de 1872), aujourd'hui dans l'église de Marly-les-Valenciennes ; *Lazare et le mauvais Riche* (salon de 1873), qui orne l'église de Sourdeval (Manche), et enfin le *Dévouement d'Eustache de saint Pierre, et des Bourgeois de Calais*, acheté récemment par l'administration des Beaux-Arts.

Une œuvre suprême, la *Fuite en Égypte*, est demeurée presque achevée sur son chevalet, où la mort est venue glacer sa main. Inspiration dernière et touchante dans laquelle l'artiste a peint la sainte Famille partant pour le grand voyage, précédée d'un ange lumineux qui lui montre la route, œuvre de grâce et de poésie, que l'auteur n'a pas eu le temps de mener à fin et qui n'en a que plus de prix par suite de ce souvenir douloureux.

Telle est l'œuvre considérable de Pierre-Charles Marquis.

Après cinquante ans de peinture et de succès public, pour ainsi dire officiel, il est mort sans avoir reçu la croix de la Légion d'honneur ; nous nous hâtons d'ajouter que cette circonstance s'explique par l'incurable modestie de son caractère et l'antique simplicité de ses mœurs. Homme rare dans notre temps, Marquis mettait autant de persévérance et d'obstination à fuir le bruit, la renommée, les faveurs, que d'autres en mettent à poursuivre ces vains fantômes. Très-habile dessinateur, il eût pu lui-même lithographier ses peintures, les faire graver ; mais il aimait mieux faire un tableau nouveau, plutôt que de reproduire celui qui avait été acheté ou médaillé. Les amateurs de peinture tapageuse passaient devant ses charmants ouvrages, mais les délicats s'y arrêtaient ; aussi, la grosse foule ignorait-elle son nom ; nous ne croyons même pas que sa ville natale possède une seule de ses œuvres.

Travailleur infatigable, Marquis était le matin à son chevalet et ne le quittait qu'à la nuit. Il a vécu près de 78 ans, on peut dire heureux comme un honnête homme, bien que les honneurs ne soient pas venus le chercher; mais il aimait avec passion son art, sa famille et ses amis; cela lui suffisait. Pour donner une idée des habitudes privées de notre ami, consignons ici un détail qui en dira plus que vingt lignes, à savoir que Marquis demeura cinquante ans dans la même maison; les propriétaires se sont succédé, le locataire seul était resté immuable.

Après avoir entouré de soins et de tendresse la vieillesse de son père, quand celui-ci lui a manqué, il a reporté toutes ses affections sur sa sœur qu'il avait élevée et dont la mort seule a pu le séparer. Caractère charmant, d'une constante égalité d'humeur, exempt de toute envie, éloigné de toute intrigue, rendant justice à chacun, toujours heureux du succès de ses confrères, y concourant avec une ardeur qu'il n'avait pas pour lui-même, ne sollicitant jamais, et ne s'étonnant pas, quand les faveurs passaient à côté de lui, Marquis fut un homme de cœur et de talent, un homme excellent qui ne compta que des amis.

Comme artiste, sa modestie nous reprocherait de dire de lui qu'il fut un peintre de premier ordre; mais, il faut reconnaître, cependant, pour être juste, qu'il a réuni au second rang des qualités d'un genre élevé et dont la principale, fort rare dans tous les temps et surtout dans le nôtre, fut le talent de la composition, cette qualité maîtresse du peintre d'histoire. Marquis n'avait pas vu Rome; il n'avait pas eu l'occasion et le bonheur de visiter l'Italie. Il demeura un peintre français et même français du dix-huitième siècle, de ce siècle où il était né et dont il avait gardé la physionomie. Il donnait à ses tableaux religieux un aspect aimable, agréable à voir et cette qualité se retrouvait, quoique à un degré moindre, dans ses tableaux d'histoire.

Nous avons fait pressentir plus haut, à propos de son *Entrée de Jésus à Jérusalem*, l'une des causes qui l'ont empêché de produire une œuvre éclatante, ce qu'on appelle un chef-d'œuvre. Cette cause, c'était sa défiance de lui-même. Son esquisse était toujours remarquable, parce qu'il composait bien, mais il n'était jamais satisfait de son œuvre et il lui arrivait presque toujours de chercher et de chercher encore. Quand sonnait l'heure fatale du Salon, le temps lui faisait défaut pour donner à son tableau le cachet de la perfection absolue.

Nous ajouterons, du reste, que ce défaut, comme presque toujours, était l'envers d'une qualité. Si sa peinture n'avait pas le don de frapper la foule, elle plaisait, comme nous l'avons dit, aux délicats. Jamais, le peintre et l'œuvre ne furent dans une harmonie plus parfaite; l'homme était fin, modeste et réservé, peut-être à l'excès, la peinture était blonde, discrète et tempérée, peut-être au delà de ce qu'on doit attendre de l'artiste chargé de parler à la foule et de la remuer. En somme, cette délicatesse, c'était sa personnalité et il serait injuste de lui demander autre chose, tant elle avait de charme pénétrant et de naïveté ingénue. Il y avait, en effet, dans ses œuvres, quelque chose de doux, de simple et de touchant qui faisait dire aux connaisseurs, en présence de « ses tableaux : *Voilà qui fait penser à Lesueur !* »

Un tel éloge, qui rattache son nom, de si loin que ce puisse être, à celui d'un des plus grands génies de l'École française, suffit à la mémoire de Pierre-Charles Marquis.

Paris, janvier 1875.

HENRY D'ESCAMPS.

PARIS. — IMP. VICTOR GOUPY, RUE GARANCIÈRE, 5.